Claudia Schick

Voice up!

Dein Guide für eine wirkungsvollere Stimme

Über mich

Als Kind einer Schauspielerfamilie habe ich früh gelernt: Eine volle, resonanzreiche Stimme ist der Schlüssel zu mehr Präsenz und einer stärkeren Wirkung. Und es ist wichtig, die eigene Stimme zu pflegen und zu trainieren.

Ich wusste, ich möchte Journalistin werden. So landete ich während meines Hamburger Romanistik- und Politikstudiums zuerst beim Radio, dort, wo die Stimme hundertprozentig gefeiert wird. Es folgten ein Volontariat beim NDR, 5 Jahre Reporterin beim RTL Nachtjournal und der Weg zurück zur ARD, zum Hessischen Rundfunk als Tagesschau-/ Tagesthemen-Reporterin und Fernsehmoderatorin.

Im Bayerischen Rundfunk war ich 10 Jahre lang Anker des ARD-Politmagazins Report München.

Seit über 15 Jahren arbeite ich dazu als Coach und viele Jahre als Medien- und Interviewtrainerin; inzwischen als zertifizierte Stimmtrainerin, spezialisiert auf meine große Leidenschaft: Das Stimmtraining.

Vielen Dank Ariane Willikonsky
und Jonathan Gottwald.

Dank Eurer Ausbildung habe ich meine große
Leidenschaft gefunden: Das Stimmtraining!

Impressum

Bibliografische Information der Deutschen
Nationalbibliothek: Die Deutsche Nationalbibliothek verzeichnet diese Publikation in der
Deutschen Nationalbibliografie; detaillierte bibliografische Daten sind im Internet über dnb.
dnb.de abrufbar.

© 2021 Claudia Schick
Gestaltung: Tim Rautenberg
Lektorat: Claudia Zirfass
Herstellung und Verlag: BoD – Books on
Demand, Norderstedt
ISBN: 9783753462622

Inhalt

Deine Stimme
ist einzigartig, mach mehr aus ihr!

Wenn Du gefragt wirst, wie Du wirken möchtest, in Meetings, Kundengesprächen, Face-to-Face oder remote, was würdest Du sagen? Wahrscheinlich so etwas wie: sympathisch, glaubwürdig und kompetent. Angehende Führungskräfte trainieren deshalb vieles, um überzeugend und motivierend zu wirken: Kommunikationsarten, Kernbotschaften, Körpersprache. Doch das wirkungsvollste Instrument lassen die meisten Menschen außen vor: ihre Stimme.

Dabei setzt sich in Kommunikationssituationen oft nicht der mit den besten Argumenten durch, sondern der, der sein Anliegen deutlicher und überzeugender vorträgt. Studien belegen, dass die Stimme im Gehirn des Gesprächspartners deutlich schneller verarbeitet wird als inhaltliche Aspekte. Die Motivforscherin Helene Karmasin („Karrierefaktor Stimme", 2006) wollte mit ihrer Studie herausfinden, wie sehr sich die Stimme auf die Karriere auswirkt. Das Ergebnis ist mehr als deutlich: 91 Prozent der Befragten ziehen Bewerber*innen mit guter Stimme und

Sprechweise anderen Bewerbern vor. 53 Prozent halten die Stimme in Bezug auf die Karriere für „bedeutend". 23 Prozent halten die Stimme für eine Führungskarriere sogar für „sehr bedeutend". Eine Führungskraft kann somit allein durch den gezielten Einsatz ihrer Stimme Mitarbeiter motivieren, Kritik üben, begeistern und Ver - trauen schaffen. Gerade im Digitalen kannst Du mit Deiner Stimme besonders punkten. Die Aufmerksamkeitsspanne ist dort geringer. Eine resonanzreiche, volle und lebendige Stimme hilft Dir, auch dort überzeugender zu wirken.

Eine gute Stimme ist mehr als nur Wohlklang. Mit diesem Guide möchte ich meine Erfahrungen als Radio- und Fernsehmoderatorin, Journalistin und als langjähriger Coach mit Dir teilen.

Das Gute ist:
Stimmliche Präsenz lässt sich trainieren.

Nirgendwo auf der ganzen Welt gibt es zweimal dieselbe Stimme.

Deine Stimme ist einzigartig, also: mach mehr aus ihr!

1.Stand up
Willst Du an Deiner Stimme arbeiten, dann: runter vom Stuhl!

Deine Körperhaltung hat enormen Einfluss auf Deinen Stimmklang, psychologisch wie anatomisch.

1. Stell Dich hin, Wirbelsäule locker und aufrecht, kein Hohlkreuz, Beine hüftbreit parallel. Fußspitzen nach vorne, lockere Knie. Schultern leicht nach hinten ziehen. Kopf gerade: Stirn bieten, nicht das Kinn.

2. Gönne Dir ein leichtes Schulterkreisen. Strecke Dich mit den Armen langsam nach oben aus, dann zu den Seiten.

3. Klopfe den ganzen Körper mit den Händen ab. Du beginnst mit den Armen, dann klopfst Du über die Beine, außen und innen. Den Rücken nicht vergessen. Klopfe auch leicht auf Dein Gesicht, massiere die Wangenknochen.

Jetzt sind wir wach.

Es kann losgehen!

2. In and out
Du musst Dich entscheiden:
flacher Bauch oder gute Stimme!

Seit unserem ersten Schrei atmen wir, ohne uns Gedanken darüber zu machen. Das sollten wir aber. Die meisten Menschen atmen nicht tief genug und in ihren Bauch hinein. Da kommt das Zwerchfell ins Spiel. Das Zwerchfell ist ein besonderer Muskel, der Deine gesamte Atemtätigkeit steuert. Es grenzt die Bauchhöhle von der Brusthöhle ab. Beim Einatmen hebt es sich, beim Ausatmen senkt es sich und bringt mit der Luft des Ausatmens die Stimmlippen in Schwingung.

Verbringst Du jeden Tag viele Stunden im Sitzen? Nach vorne gebeugt? Unterarme angewinkelt? Das ist Gift für Deine Stimme. Du trainierst Dir damit alles ab, was Du brauchst. Einseitige Bewegung kann Dein Zwerchfell verkürzen, überspannen. Deine Atembeweglichkeit wird dadurch stark eingeschränkt. Du atmest flach, im oberen Brustbereich. Dir fehlt Stimmkraft, Deine Stimme wirkt dünn und instabil.

Viele Frauen neigen dazu, ihren Bauch ständig einzuziehen.

Lass ihn raus! Nur so kannst Du tief in den Bauch atmen. Hab Geduld mit Deinem Bauch, es wird etwas dauern, sich das Baucheinziehen abzugewöhnen.

Ziel unseres Trainings ist, das Zwerchfell tiefer zu stellen und damit den Resonanzraum zu vergrößern.

1. Stell Dich locker hin. Eine Hand oder beide Hände auf den Bauch, wie es für Dich angenehmer ist. Augen zu und atme dreimal tief in den

Bauch ein und aus.

Versuche zu spüren, wie sich die Bauchdecke hebt und senkt. Und plötzlich ist Atmen gar nicht mehr so einfach!

2. Wenn Du zu verspannt bist, Du vermeintlich nichts spürst, leg Dich einfach mal auf den Boden. In dieser Haltung atmen wir automatisch in den Bauch. Spüre den Unterschied, wenn Du Dich wieder hinstellst.

Lasse Dir Zeit, die Bauchatmung zu fühlen.

3. Atme ruhig in den Bauch ein, Mund leicht geöffnet und atme gleichmäßig auf den Laut

„WWWWWW"

Das machst Du dreimal hintereinander. Du spürst, dass Dein Bauch sich beim

„WWWWWWW"

langsam senkt.

4. Danach benutzt Du ein

„SSSSSSSSS"

Auch dabei beobachtest Du Deinen Bauch, wie er sich senkt und hebt. Ziel ist ein langsamer, stabiler Atemfluss.

5. Beobachte, was Dein Körper macht, wenn Du hustest oder lachst. Du ziehst ruckartig die Bauchdecke ein, richtig?

3. Warm up
Summe Dich warm!

Sprechen ist ein Kraftakt.
Deine Stimmbänder sind im Dauereinsatz.

Wenn Du das ohne Aufwärmen machst, kannst
Du Dich leicht überanstrengen und heiser
werden. Summen ist wie ein leichtes Jogging
für Deine Stimmbänder. Die Stimmbänder sind
dabei geschlossen, die Vibration tut ihnen gut.

Atme tief ein.
Lasse beim Ausatmen Deine Lippen
flattern.

Summe leicht auf einem Ton.
Dein Mund ist locker, lege Deine Finger an den
Mund und spüre die Vibration.

Gurgel Dich fit.
Gurgeln mit einem Glas warmen Wasser ist
wie Aquagym für Deine Stimmbänder. Beim
Gurgeln sind Deine Stimmbänder im Wasser.
Morgens unter der Dusche gurgeln, vor einem
Meeting summen und Deine Stimme ist bereit.

Kau dich locker.

Anfang der 1920-er Jahre hat der Arzt und Logopäde Emil Fröschels die „Kaugut -Methode" entwickelt. Stell Dir vor, Du beißt in einen leckeren Apfel und beginnst mit einem

„Mnjam Mnjam Mnajm"

Variiere mit

„Mnjom Mnjom Mnjom"

Übertreibe ruhig, versuche dabei den Kiefer weit zu öffnen. Dabei achtest Du weiterhin auf die gleichmäßige Bauchatmung.

Dann gehst Du dazu über, große Kaubewegungen auf

„Mnjam Mnjam Mnjam"

und

„Mnjom Mnjom Mnjom"

zu machen.

Die Kaubewegungen lösen Verkrampfungen und regen gleichzeitig die Muskeln Deines Sprechapparates an. Das „M" dient dabei als Rutsch - bahn für die weitenden Vokale O und A. Das O ist gut für die Tiefe, das A für die Weite.

4. Push it

Keine Muckis ohne Training: Du kannst Dein Zwerchfell trainieren wie einen Bizeps.

Stell Dich aufrecht hin. Füße hüftbreit. Den idealen Abstand findest Du, wenn Du einfach einmal hochspringst. So, wie Deine Füße auf dem Boden landen, ist der ideale Abstand Deiner Beine. Eine Hand liegt auf Deiner Bauchdecke.

Du atmest ruhig in den Bauch ein, Bauch raus beim Einatmen, mit dem Ausatmen verscheuchst Du Tauben auf Deinem Balkon mit einem kraftvollen

„ksch"

Verscheuche drei Tauben und atme wieder ruhig ein.

Wiederhole das dreimal.

Stell Dir vor, Du zauberst den Tisch, den Stuhl, was auch immer sich bei Dir im Raum befindet, einfach weg. Atme ruhig ein, fokussiere die Gegenstände genau, dann ein kraftvolles

„ffff-t"

Wiederhole das dreimal. Du wirst merken,
durch das „t" aktivierst Du am Ende des
Atemflusses noch stärker Dein Zwerchfell.

Sprich jetzt mehrfach hintereinander folgende
Konsonanten:

p-t-k-scht-ft

Du brauchst dafür viel Kraft aus dem Bauch.
Achte auf Dein Atmen: Durch diese kraftvollen
Konsonanten wird Dein Zwerchfell gestärkt.
Wenn Du das regelmäßig machst, wir Dir dauer-
haftes, lauteres Sprechen leichter fallen.

5. Find it
Deine Stimme ist einzigartig!

Jeder Mensch hat seinen individuellen Stimm-umfang. Bei Frauen liegt der Bereich zwischen 175 – 262 Hertz, bei Männern zwischen 87 – 131 Hertz. Innerhalb dieses Stimmumfangs gibt es Frequenzbereiche, in denen die Stimmproduk-tion besonders locker und entspannt funktio-niert. Diese „Indifferenzlage" ist Dein Brustton der Überzeugung.

1. Stell Dich entspannt hin, atme ruhig in den Bauch ein und stell Dir vor, Du führst ein sehr langweiliges Telefonat. Dabei nickst du und stimmst gelangweilt zu.

    „Mhhh, mhhh", „Aha, aha"

    Achte darauf, wie dieser Ton klingt und wo er vibriert, idealerweise in Deinem Brustraum.

2. Stell Dir vor, Du isst Dein Lieblingsgericht. Und sagst:

    „Mhhhh- ist das lecker!"

3. Seufze vor Dich hin und sag dabei

„Ach ja, schön war's"

Probiere das so lange immer wieder aus, bis Du diesen tieferen, im Brustbereich liegenden Ton gefunden hast.

Finde Deinen Brustton der Überzeugung!

6. Open it
Zähne auseinander!

Mehr Resonanz und deutlicher sprechen, das ist unser Ziel. Dafür brauchst Du auch eine aktive, bewegliche Zungenmuskulatur.

1. Fahre langsam und sorgfältig mit der Zunge innerhalb Deiner Zahnreihen entlang, zuerst innen, dann außen, als ob Du Deine Zähne mit der Zunge putzen möchtest. Wundere Dich nicht, dass das ab dem zweiten, dritten Mal sehr anstrengend sein kann. Gutes Zeichen!

2. Zähle langsam bis zwanzig (immer wieder auf die Bauchatmung achten). Winkle jetzt Deinen Daumen an. Stecke Dein Daumengelenk quer zwischen Deine Zähne. Zähle jetzt erneut deutlich bis 20. Danach zählst Du ohne Daumen bis zwanzig. Spürst Du den Unterschied? Fühlt sich Dein Kiefer freier und beweglicher an?

3. Trainiere mit Zungenbrechern. Ein Klassiker, aber immer noch gut:

„Fischers Fritz fischt frische Fische, frische Fische fischt Fischers Fritz"

oder

„Der kleine, plappernde Kaplan klebt poppige, peppige, Pappplakate an die klappernde Kapellwand"

oder

„Als Anna abends saß, aß Anna abends Ananas!"

Suche Dir noch weitere Zungenbrecher, die für Dich besonders schwierig sind und trainiere sie.

7. Leave it
Weg mit dem „Äh"!

Füllwörter sind eine echte Plage. Wir über-
brücken mit ihnen die Lücken zum nächsten
Gedanken und sägen damit an unserer
Wirkung und Überzeugungskraft. Benjamin von
Stuckrad-Barre und Martin Suter bringen es in
ihrem Buch „Alle sind so ernst geworden" so
treffend auf den Punkt: „Man überlegt und will
damit die Denkpause verstopfen, damit
niemand reinspringt. Das Ähm ist die
Simulation des Denkens."

Was für ein Füllwörtertyp bist Du? Der „Ähm-
Typ" oder mehr der langgezogenen „Äääh-
Typ"? Der sich selbst bestätigende „Genau,
dann habe ich das und das gemacht -Typ" oder
mehr der sich selbst zum Weitersprechen
ermunternde „Also-Typ".

Egal, was Du benutzt, Ziel ist es,
Deine Füllwörter zu reduzieren.

Der Ausweg ist schnell erklärt.
Setze Punkte, dann musst Du nicht füllen.
Für die Umsetzung brauchst Du etwas Zeit.

Nimm Dein Handy in die Hand und nimm folgendes auf: Beschreibe laut sprechend den Weg von Deiner Haustür aus zum nächsten Briefkasten. Zum Beispiel: „Ich öffne die Tür. Ich gehe 3 Stockwerke hinunter, geradeaus weiter zur Haustür. Dann biege ich rechts ab und gehe geradeaus, an den Briefkästen vorbei zur Gartenpforte." Jetzt hörst Du Dir das Gesagte an. Was fällt Dir auf?

Bist Du am Ende der einzelnen Sätze, der Beschreibungen, oft mit Deiner Stimme oben? Wie am Ende einer Frage? Du bist nicht allein. Das geht ganz vielen Menschen so!

Beschreibe jetzt in kurzen Sätzen die Dinge, die Dich umgeben. Zum Beispiel: „Vor mir steht ein Stuhl. Vor dem Stuhl steht ein Tisch. Auf dem Tisch steht eine Vase." Versuche jeweils am Ende der kurzen Sätze mit der Stimme nach unten zu gehen, als ob es die wichtigste Aussage der Welt wäre, ein Fakt wie in Stein gemeißelt. Versuche wahrzunehmen, wie es klingt, wenn Du Deine Stimme am Ende des Satzes senkst. Nimm auch das mit Deinem Handy auf. Höre genau hin und korrigiere Dich so lange, bis Du wirklich bei jedem kurzen Satz mit der Stimme unten landest. Wenn Du ein Gefühl da - für bekommen hast, dann wiederhole die erste Übung.

Beschreibe den Weg aus Deiner Haustür zum nächsten Briefkasten und achte darauf, dass Du bei jedem Satzende mit der Stimme unten bist. Es darf sich ruhig gekünstelt, monoton anhören. Ziel ist, dass Du ein Gefühl dafür bekommst, das Satzende, den Punkt am Ende des Satzes, stimmlich zu unterstreichen.

Was hat das mit den „Ähs" zu tun?
Versuche, bei Aufzählungen Punkte zu machen. Habe Mut zur Pause. Gib den Zuhörer*innen die Chance, das Gesagte sacken zu lassen.

Du wirst schnell bemerken, dass die „Ähs" und „Ähms." weniger werden.

Mut zur Pause!

8. Play with it

Das Wie ist oft wichtiger als das Was!

Deine Betonung, Deine Satzmelodie ent-
scheiden, ob Deine Rede, Dein Auftritt oder
Präsentation sachlich, emotional oder sogar
mitreißend wirkt. Eine lebendige, abwechs-
lungsreiche Sprechmelodie ist das Ziel.

1. Starte mit den Wörtern: „schön", „groß-
    artig", „wundervoll"! Und „kalt", „wütend",
    „traurig". Versuche, jeweils eine andere,
    emotionale Sprechhaltung zu den Wörtern
    zu finden. Erinnere Dich an Kapitel 5, finde
    Deinen Brustton der Überzeugung, lege
    so viel Emotion wie möglich in die Wörter.
    „Schmecke" und „fühle" ihre Bedeutungen,
    spiele mit ihnen und übertreibe ruhig.

2. Lies diesen Text laut vor. Versuche,
    ein Gespür für die Bedeutungen
    zu bekommen.

    Das Feuer

    Hörst Du, wie die Flammen flüstern,
    Knicken, knacken, krachen, knistern,
    Wie das Feuer rauscht und saust,

Brodelt, brutzelt, brennt und braust?
Siehst Du, wie die Flammen lecken,
Züngeln und die Zunge blecken,
Wie das Feuer tanzt und zuckt,
Trockne Hölzer schlingt und schluckt?
…
Hörst Du, wie es leiser knackt?
Siehst Du, wie es matter flackt?
Riechst Du, wie der Rauch verzieht?
Fühlst Du, wie die Wärme flieht?

(James Krüss)

Probiere es mit Übertreibung.

„ Was? Das soll ein Pfirsich sein?
Nein!
Wie können Sie es wagen,
Dieses faulige, Matschige,
Schimmelige, Quatschige,
Braungestoßne, Filzige,
Quaddersoßenpilzige,
Moderruchbehaftete,
Gärig angesaftete
Meinem Magen anzutragen!
Nun er ist auch nicht zu essen.
Doch man sollte nicht vergessen,
Wie es um die Qualität
Seines Eigentlichen steht:
Dieser zwar so matschige,
Schimmelige, quatschige,
Braungestoßen, filzige,

Quaddersoßenpilzige,
Moderruchbehaftete,
Gärig angesaftete
Pfirsich hat (ich möchte schwören.
Dass Sie es mit Freude hören)
Wirklich einen g u t e n Kern!
Na, d an n nehme ich ihn gern!

(Joachim Priewe)

Probiere es mit ganz viel Gefühl

„Ich bin fast
Gestorben vor Schreck:
In dem Haus, wo ich zu Gast
War, im Versteck,
Bewegte sich,
Regte sich
Plötzlich hinter einem Brett
In einem Kasten neben dem Klosett,
Ohne Beinchen,
Stumm, fremd und nett
Ein Meerschweinchen.
Sah mich bange an,
Sah mich lange an,
Sann wohl hin und sann her,
Wagte sich
Dann heran
Und fragte mich dann:
„Wo ist das Meer?"

(Joachim Ringelnatz)

9. Use it
Wende es an!

Übungen sind das eine, Alltagssprache das andere. Du weißt jetzt, wie Du Deine Stimme aufwärmst, Deine Haltung aufrichtest, Punkte setzt, Deinen überzeugenden Eigenton findest, Deine Artikulation verbesserst und wie Du Wörtern mehr Bedeutungen verleihst durch Deine Intonation. Versuche, das jetzt so oft wie möglich im freien Sprechen anzuwenden.

Beginne mit einer Begrüßung, zum Beispiel bei einen Videokonferenz, Präsentation oder Face-to-Face.

Sage nicht nur „herzlich willkommen", sondern „schmecke, fühle" es auch. Wie ist Deine Sprechhaltung? Du freust Dich, die Menschen zu begrüßen. Verleihe den Wörtern die Bedeutung, die sie haben.

Lass Deine Gestik zu, Mimik, Du freust Dich, Menschen zu begrüßen, also zeige es auch.

Nimm Dir die Kernbotschaften Deiner Präsentation oder Rede vor. Welche Sprechhaltungen hast Du bei den verschiedenen Punkten?

Schau Dir an, welche Bereiche mit „Das ist wichtig" bezeichnet werden können oder: „Das ist interessant", „Das ist gut", „Das ist toll!", „Das ist hart". Damit variierst Du nicht nur inhaltlich, sondern auch emotional und stimmlich die verschiedenen Bereiche.

Gehe bei wichtigen Aussagen mit der Stimme am Ende des Satzes runter. Habe Mut zur Pause, es wirken zu lassen.

Punkte setzen!

10. Come down
Atme den Stress weg!

Deiner mitreißenden, lebendigen Präsentation steht nichts mehr im Weg, wenn da nicht die Aufregung wäre! Dein Herz schlägt bis zum Hals, Deine Hände sind feucht, vielleicht ist Dir sogar schummerig im Kopf.

Dass wir in Stresssituationen so reagieren ist biologisch verankert. Unser Herz schlägt schneller und pumpt mehr Blut ins Gehirn. Wir atmen schnell und flach, Adrenalin wird ausgeschüttet, um ganz wach zu sein. Hast Du jemals schon mal gegähnt vor einem aufregenden Termin? Nimm diese Wachheit an, freue Dich über sie.

Mit diesen Übungen wirst Du Deine Aufregung gut in den Griff bekommen. Probiere sie alle aus und entscheide, welche die richtige für Dich ist.

1. Fokusiere Dich.
    Stell Dich locker aufrecht hin, Schultern runter. Wenn Du vor Aufregung Deine Bauchatmung nicht spüren kannst, beuge Dich mit dem Oberkörper weit hinunter, wie

die Leistungssportler nach einem Sprint. Lege die Hände in Deine Flanken, in dieser Position wirst Du die Bauchatmung spüren. Richte Dich auf und atme im Stehen weiter. Strecke einen Arm aus und schaue auf eine Fingerspitze. Atme dreimal tief in den Bauch ein und aus. Mit dem vierten Atemzug bewegst Du Deinen Arm mit einem gleichmäßig langen

„ffffffffff"

von links nach rechts. Du fokussierst dabei immer noch die Fingerspitze. Wenn Du am Ende des Atemzuges angelangt bist, endest Du mit einem

„ffffff- t"

Mit dieser Übung stabilisierst Du Deine Atmung. Durch das Fokussieren wirst Du kognitiv abgelenkt. Durch den Konsonanten „t" am Ende des langen

„fffff-t"

aktivierst und senkst Du Dein Zwerchfell, um Deiner Stimme mehr Resonanz zu verschaffen.

2. Beruhige Dich.
   „Du musst doch keine Angst vor der Präsentation haben." Gut gemeint, hilft aber überhaupt nicht. Negative Konditionierung, „das macht mir KEINE Angst", kommt neuronal nicht an. Unser Gehirn akzeptiert nur positive Affirmationen, Bestätigungen. Suche Dir einen positiven Mutmacher-Satz wie: „Ein schönes Gefühl" „Ich bin gut vorbereitet" „Ich bin gerne hier" Und sprich diesen Satz immer wieder laut vor Dich hin. Bewege Dich dabei, gehe hin und her. Das positive Gefühl wird stärker und stärker und Du dann auch.

3. Erde Dich
   Lege eine Hand auf den Kopf. Du stehst entspannt aufrecht. Atme ruhig ein und aus und spüre, wie sich die Energie deiner auf deinem Kopf liegenden Hand erdet. Die Kraft geht durch den Kopf, durch den Oberkörper, den Rücken hinunter bis in die Beine und die Füße. Du zentrierst Dich damit. Viele Ballettänzer*innen wenden diese Übung vor Auftritten an. Vielleicht ist sie auch etwas für Dich.

4. Öffne Dich
   Strecke Deine Arme wie ein V nach oben aus. Dann nimmst Du die Arme bis auf Schulterhöhe hinunter. Deine Arme sind

jetzt angewinkelt, Hände zeigen gen Himmel. Die Schultern ziehst Du leicht nach hinten und nach unten, gen Hosentaschen. Bewege Deine angewinkelten Arme jetzt nach hinten, mach Dich groß und weit, öffne den Brustkorb. Atme mehrmals tief und ruhig in den Bauch hinein. Spüre, dass sich Dein Brustkorb weitet und Du Dich freier fühlst.

5. Mach Dir Mut.
   Meine kombinierte Mutmacher-Methode. Atme gleichmäßig ein und klopfe leicht auf Deinen Brustkorb. Summe dabei in Deinem Eigenton. Nimm Deinen Mutmacher Satz, z.B. „Ein schönes Gefühl". Durch das Sprechen und das Summen überträgt sich die Vibration entspannend auf Dein Zwerchfell. Außerdem senkt es sich dabei. Das Klopfen soll Deine Thylamusdrüse aktivieren. Sie ist ein Teil Deines Immunsystems, das bei Kindern noch aktiv, bei Erwachsenen aber „eingeschlafen" ist. Regelmäßiges Klopfen kann sie reaktivieren. Wenn Du dabei noch etwas auf und ab und in die Bewegung gehst, wird sich Deine Aufregung legen.

11. Daily Workout
Leg los!

Eine gute, resonanzreiche Stimme kommt nicht von heute auf morgen. Baue Dir ein kleines Training in Deinen täglichen Ablauf ein. Am besten gleich morgens früh im Badezimmer. Gurgel Deine Stimme unter der Dusche warm. Summe vor Dich hin, seufze „Ach ja, ist das schön hier in der Dusche." Finde damit Deinen Eigenton. Achte auf Deine Bauchatmung. Zaubere das Duschgel mehrfach mit einem entschiedenen

„fffff-t"

weg. Zähle auf Deinem Daumengelenk bis 20.

Du wirst bemerken, wieviel besser, voller und genauer sich Deine Stimme von Tag zu Tag anhört und damit auch wirkt! Es lohnt sich.

Viel Spaß dabei!